ARIANE,

TRAGEDIE

REPRESENTÉE POUR LA PREMIERE FOIS
PAR L'ACADÉMIE ROYALE
DE MUSIQUE,

Le Mardy 6. Avril 1717.

Le prix est de trente sols.

A PARIS,

Chez PIERRE RIBOU, seul Libraire de l'Académie Royale de Musique, Quai des Augustins, à la Descente du Pont-Neuf, à l'Image S. Loüis.

M D C C X V I I.

Avec Approbation & Privilege du Roi.

PRIVILEGE DU ROY.

LOUIS par la grace de Dieu Roi de France & de Navarre : A nos amés & Feaux Conseillers les gens tenans nos Cours de Parlement, Maîtres des Requêtes ordinaires de notre Hôtel, Grand Conseil, Prevôt de Paris, Baillifs, Senechaux, leurs Lieutenans Civils, & autres nos Justiciers qu'il appartiendra, Salut. Les Sieurs Besnier Avocat en Parlement, Chomat, Duchesne, & de la Val de S. Pont, Bourgeois de notre bonne ville de Paris, Nous ont fait remontrer, qu'en consequence de l'Arrêt de notre Conseil du 12. Decembre 1712. du Traité fait entre eux & les Sieurs de Francine & Dumont le 24. desd. mois & an, & de nos Lettres Patentes du 8. Janvier ensuivant, confirmatives du Traité, ils auroient acquis le Privilege de faire representer les Opera durant le tems de vingt années, à compter du 20. Aout 1712. ainsi que le Privilege de la vente des paroles desd. Opera, lesquelles ils desireroient faire imprimer pour les donner au Public, s'il Nous plaisoit leur accorder nos Lettres de Privilege sur ce necessaires. A CES CAUSES desirant favorablement traiter les Exposans, attendu les charges dont l'Académie Royale de Musique se trouve oberée, & les grandes depens qu'il convient de faire tant pour l'impression que pour la gravure en taille-douce des planches dont ce Livre sera orné, Nous leur avons permis & permettons par ces Presentes de faire imprimer & graver les Paroles & la Musique, de tous lesd. Opera qui ont été ou qui seront representées par l'Académie Royale de Musique, tant separément que conjointement, en telle forme, marge, caractere, nombre de volumes & de fois que bon leur semblera, & de les faire vendre & debiter par tout notre Royaume pendant le tems de dix-neuf années consecutives, à compter du jour de la datte desdites Presentes. Faisons defenses à toutes personnes, de quelque qualité & condition qu'elles puissent être, d'en introduire d'impression étrangere dans aucun lieu de notre obeïssance, & à tous Imprimeurs, Libraires, Graveurs, & autres, d'imprimer, faire imprimer, vendre, faire vendre, debiter, ni contrefaire lesdites impressions, planches & figures, en tout ni en partie, sans la permission expresse & par écrit desd. Sieurs Exposans, ou de ceux qui auront droit d'eux, à peine de confiscation des exemplaires contrefaits, de six mille liv. d'amende contre chacun des contrevenans, dont un tiers à nous, un tiers à l'Hôtel-Dieu de Paris, l'autre tiers ausdits Sieurs Exposans & de tous dépens, dommages & interêts, à la charge que ces Presentes seront enregistrées tout au long sur le Registre de la Communauté des Imprimeurs & Libraires de Paris, & ce dans trois mois de la datte d'icelles, que la gravûre & impression desdits Opera sera faite dans notre Royaume & non ailleurs, en bon papier & en beaux caracteres, conformément aux Reglemens de la Librairie, & qu'avant de les exposer en vente il en sera mis deux Exemplaires dans notre Bibliotheque publique, un dans celle de notre Château du Louvre, & l'autre dans celle de notre trés-cher & feal Chevalier Chancelier de France le Sieur Phelypeaux Comte de Pontchartrain, Commandeur de nos Ordres, le tout à peine de nullité des Presentes : du contenu desquelles vous mandons & enjoignons de faire joüir lesd. Sieurs Exposans, ou leurs ayans cause, pleinement & paisiblement, sans souffrir qu'il leur soit fait aucun trouble ou empêchement. Voulons que la copie desdites Presentes, qui sera imprimée au commencement ou à la fin desd. Opera, soit tenuë pour dûëment signifiée, & qu'aux copies collationnées par l'un de nos amés & feaux Conseillers & Secretaires foi soit ajoûtée comme à l'Original. Commandons au premier notre Huissier ou Sergent de faire pour l'execution d'icelles tous actes requis & necessaires ; sans demander autre permission, & nonobstant Clameur de Haro, Charte Normande, & Lettres à ce contraires : Car tel est notre plaisir. Donné à Versailles le 20. jour d'Août l'an de Grace 1713. & de notre Regne le soixante-onziéme. Par le Roi en son Conseil. Signé BESNIER avec paraphe, & scellé.

Nous avons cedé à M. Ribou le present Privilege suivant le Traité fait avec lui le 17. Juillet dernier 1713. A Paris le 21. Aout 1713. Signé, BESNIER.

Registré sur le Registre avec la Cession n. 3. de la Communauté des Libraires & Imprimeurs de Paris, page 648. n. 731. conformément aux Reglemens, & notamment à l'Arrêt du 3. Août 1703. Fait à Paris ce 11. Septembre 1713. L. JOSSE, Syndic.

ACTEURS chantans du Prologue.

UN DRUYDE,	Mr. le Mire.
UNE NYMPHE,	Mlle Poussin.
VENUS,	Mle Pasquier.

Noms des Acteurs & des Actrices chantans dans tous les Chœurs du Prologue & de la Tragedie.

COSTE' DE LA REINE.	COSTE' DU ROI.
Mesdemoiselles	*Mesdemoiselles*
Kercoffen.	Pasquier.
Caron.	Guillet.
Veron.	Tettelette.
Gentilhomme.	Millon.
De Mereüil.	Limbourg.
	La Roche.
Messieurs	*Messieurs*
Alexandre.	Corbie.
Moraud.	Lemire-L.
Faussié.	Dun, le fils.
Boullai.	Dangerville.
Venec pere.	Boutron.
Venec fils.	Thomas.
Deshais.	Dautrep.
Corail.	Lavigne.
Lebel.	Houbeau.
Plessis.	Lambert.
Paris.	Duchesne.
	Le Jeune.

ACTEURS DANSANS
DU PROLOGUE.
BERGERS ET BERGERES.

Mesdemoiselles Prevost, Guyot.
Messieurs Germain, Dumoulin L., Javilliers, Pierret, Guyot, Malterre.
Mesdemoiselles Isecq, Dupré, Lemaire, Duval, Rameau, Deseschaliers.

ACTEURS DANSANS DE LA TRAGEDIE.

ACTE PREMIER.

PEUPLES.

Monſieur Blondy.
Meſſieurs Marcel, Dumoulin L., Pecourt.
Mademoiſelle Guyot.
Meſdemoiſelles Menez, Iſec, Araud.

MATELOTS ET MATELOTTES.

Monſieur F. Dumoulin.
Meſſieurs P. Dumoulin, Dangeville, Malterre, Guyot.
Meſdemoiſelles la Ferriere, Brunel, Mangot, Duval.

ACTE SECOND.

CRETOIS ET CRETOISES.

Meſſieurs Germain, Dumoulin F. Ferand, Pierret, Javilliers.
Mademoiſelle Prevoſt.
Meſdemoiſelles Iſecq, Dupré, Lemaire, Rameau, Leroy.
Monſieur Pecourt, Mademoiſelle la Ferriere.

ACTE TROISIE'ME.

Monſieur D. Dumoulin.
Monſieur Marcel, Mademoiſelle Menez.
Meſſieurs P. Dumoulin, Dangeville, Pecourt, Malterre, Guyot.
Meſdemoiſelles la Ferriere, Haran, Brunel, Dupré, Duval.

ACTE QUATRIE'ME.

SACRIFICATEURS.

Meſſieurs Blondy, Marcel.
Meſſieurs Germain, Ferrand, Javilliers, Pierret, P. Dumoulin, Dangeville.

PROLOGUE.

Le Théatre représente les Bords de la Seine où les anciens Peuples des Gaules s'assembloient pour y celébrer la fête du Guy-de-l'An-Neuf consacré à Venus, que les Druides cuëilloient le premier jour du mois de Mai.

Le plus ancien Druide à qui l'autorité souveraine est déferée paroît avec sa Faux d'or à la main. Il est accompagné d'une Nymphe qui porte le Rameau nouvellement cuëilli.

LE DRUIDE & la NYMPHE.

HAbitans fortunés des Rives de la Seine,
Venez sur ces gazons naissans
Celebrer les Jeux innocens
Que ce jour heureux vous ramene.

CHOEUR.

Courons ſur les bords de la Seine,
Allons ſur ces gazons naiſſans
Celebrer les Jeux innocens
Que ce jour heureux nous ramene.

LE DRUIDE & la NYMPHE.

L'Aurore qui nous luit annonce en même tems
Et le Soleil & le Printems.

CHOEUR.

Courons ſur les Bords, &c.

LE DRUIDE.

Peuples ſoumis aux Loix que je reçois des Dieux,
Joignez vos vœux aux miens, & que chacun revere
Cet antique Rameau, ce Treſor précieux,
Dont un Chêne voiſin des Cieux
Fut longtems le dépoſitaire.
A la Déeſſe des Amours
Cette fête fut toujours chere.
Venez lui conſacrer & vos cœurs & vos jours;
Et que le bonheur de lui plaire
Augmente en vous l'ardeur de lui plaire toujours.

CHOEUR.

Déeſſe des Amours, ſur ce charmant Rivage,
Venez prendre part à nos Jeux.
L'encens eſt moins pur que les vœux
Dont nos cœurs vous offrent l'hommage.

LE DRUIDE.

Antique ornement de ces lieux,
Palais de nos premiers ayeux,
Chêne ſacré, qui nous donnes ce gage
De la faveur des Dieux;
Que le Fer criminel, que les Vents furieux
Ne te faſſent jamais d'outrage.
Qu'il ne ſoit permis qu'aux Zephirs
D'agiter ton tendre feüillage.
Et que les ſeuls Amans viennent ſous ton ombrage
Soupirer leurs malheurs, ou chanter leurs plaiſirs.

LE DRUIDE & la NYMPHE.

L'éclat qui brille dans les airs
Nous apprend que Venus s'avance,
Imitons les Oyſeaux charmés de ſa preſence,
Qui pour la celebrer redoublent leurs concerts.

CHOEUR.

Fille du Ciel, Fille de l'Onde,
Viens fixer ici ton ſéjour.
Tu ne trouveras point dans le reſte du monde
Des cœurs ſi ſoumis à l'Amour.

VENUS.

Peuple dont je cheris le zele,
Le deſir de vanger une injure mortelle
Me force à m'éloigner d'un ſéjour ſi charmant:
Mais les Ris ni les Graces

En des lieux ennemis ne ſuivront point mes traces.
Ils vous conſoleront de mon éloignement.

CHOEUR.

Charmante Reine de Cythere,
Ne quittez jamais ces beaux lieux.

LE DRUIDE & la NYMPHE.

S'il eſt quelques Mortels qui vous oſent déplaire,
Ceſſez de paroître à leurs yeux.
Vous les punirez encor mieux
Par votre éloignement que par votre colere.

CHOEUR.

Charmante Reine de Cythere,
Ne quittez jamais ces beaux lieux.

VENUS.

Quand j'aurai dans la Crete achevé ma vangeance,
Et confondu mes ennemis,
Ces lieux dignes de ma preſence
Auront toujours la preference
Sur tous ceux qu'à mes loix le deſtin a ſoumis.
Je veux que mes faveurs y comblent l'eſperance
Des Rois qui par les Dieux vous ont été promis.
Mars avec moi d'intelligence
Prendra plaiſir à les former.
Il ſera craindre leur puiſſance,
J'aurai ſoin de la faire aimer.

Heureux Mortels aprés cette promesse
Redoublez vos charmans concerts.
Que vos cœurs, que vos vœux, que vos chants d'allegresse
Me suivent jusques dans les airs.

CHOEUR.

Pour rendre hommage à la Déesse,
Redoublons nos charmans concerts.
Que nos cœurs, que nos vœux, que nos chants d'allegresse
La suivent jusques dans les airs.

LA NYMPHE.

Regnez, Amours, regnez dans ces belles retraites,
Faites-y briller vos appas.
Que les soupçons jaloux, les craintes inquietes
Respectent les lieux où vous êtes;
Que les soupçons jaloux, les craintes inquietes
N'habitent que les lieux où vous ne serez pas;
Regnez, Amours, regnez, dans ces belles retraites,
Faites-y briller vos appas.

CHOEUR.

Pour rendre hommage à la Déesse
Redoublons nos charmans concerts.
Que nos vœux, que nos cœurs, que nos chants d'allegresse
La suivent jusques dans les airs.

Fin du Prologue.

ACTEURS

DE LA TRAGEDIE.

THESE'E, *Fils d'Egée Roi d'Athenes,*	M. Thevenard.
ARIANE, *Fille de Minos,*	Mlle Journet.
Chœur de Peuples de la Crete.	
MINOS, *Roi de Crete,*	Mr Hardoüin.
Suite de Minos.	
Chœur de Matelots.	
PERIBE'E, *Princesse du sang Royal d'Athenes,*	Mlle Antier.
Les Captifs Atheniens.	
Troupe de Guerriers.	
Chœur de Prêtres.	
Chœur de Coribantes.	
L'HYMEN,	
LA DISCORDE,	
L'OMBRE D'ANDROGE'E,	Mr. Dun le Fils.
LE MINISTRE DU SORT,	Mr. le Mire.
VENUS,	Mlle Pasquier.
UN GUERRIER,	Mr. Murayre.
AUTRE GUERRIER,	M. Dun le Pere.
UNE CRETOISE,	Mlle Poussin.
DEUX CAPTIVES,	Mlles Kercoffen & Constance.

La Scene est en Crete.

ARIANE,

ARIANE,

TRAGEDIE.

ACTE PREMIER.

Le Théatre represente le Port de Sidonie.

SCENE PREMIERE.

THESÉE.

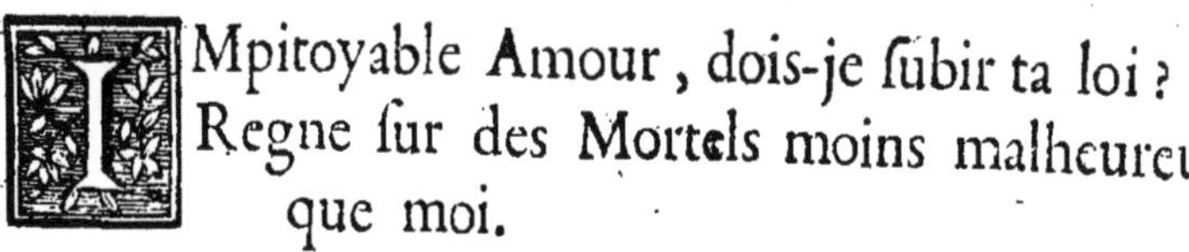

IMpitoyable Amour, dois-je subir ta loi?
Regne sur des Mortels moins malheureux que moi.

D'un peuple gémissant j'allois venger l'outrage,
Je conduisois des Rois armés pour son secours,
Je les ai vû perir victimes de l'orage,
Et l'azile où les Dieux ont conservé mes jours
M'est plus fatal que le naufrage.
Impitoyable Amour, dois-je subir ta loi?

Regne ſur des Mortels moins malheureux que moi.

Ariane en ces lieux m'ordonne de l'attendre.
Pour ſçavoir mon ſecret que va-t'elle entreprendre ?
Veut-elle ſur mon cœur faire un dernier effort ?
Si tu ne peux cacher les feux qu'elle a fait naître,
Infortuné Theſée, en courant à la mort,
Ote à tes ennemis le plaiſir de connoître
Qu'ils ſont les maîtres de ton ſort.

SCENE II.

THESE'E, ARIANE.

ARIANE.

ILluſtre infortuné, je ne ſçaurois vous taire
Que ce ſéjour n'eſt plus un azile pour vous.

THESE'E.

Genereuſe Ariane, ai-je pû vous déplaire,
Echapé par vos ſoins à Neptune en couroux ?

ARIANE.

Qu'un danger plus preſſant vous éloigne de nous.

THESE'E.

Je ne crains que votre colere.

ARIANE.

Craignez le retour de mon pere.

THESE'E.

Son retour ! ciel !

ARIANE.

Minos dans ce Port va rentrer.
Il nous amene les victimes
Qu'Athenes vient de lui livrer.
Et que le Minotaure ici d[illegible] devorer.

THESE'E.

Peuples trop malheureux !

ARIANE.

Ignorez-vous leurs crimes ?
Androgée aux Autels par leurs mains égorgé,
Ne sçauroit être assez vangé.

Minos sur ces cruels exerce sa justice,
De leurs Temples détruits, de leurs ramparts fumans,
Sa vangeance à son fils n'eut fait qu'un sacrifice ;
Par un tribut terrible & nouveau tous les ans
Il éternise leur supplice.

Vous, partez, qu'en ces lieux il ne vous trouve pas.

THESE'E.

Quoi, sur un inconnu porteroit-il sa haine ?

ARIANE.

Lorsque je vous permis d'entrer dans ses Etats,

Je trahis sa loi souveraine.

Foibles par son absence, exposés aux dangers,
Nous avons dû fermer ce Port aux étrangers.
Nommez-moi dans quels lieux vous avez pris naissance;
J'y ferai conduire vos pas.

THESE'E.

Que me demandez-vous?

ARIANE.

Vous ne répondez pas.

THESE'E.

Juste ciel! quelle violence!

ARIANE.

J'ai d'un infortuné respecté le silence,
Mais la Crete & Minos pourroient vous soupçonner.

THESE'E.

He bien! à toute leur vengeance
Vous n'avez qu'à m'abandonner.

Mes yeux s'alloient fermer à la clarté celeste,
Ils ne se sont ouverts que pour voir vos appas,
Voulez-vous m'arracher le seul bien qui me reste?
Et n'avez-vous differé mon trépas
Que pour le rendre plus funeste?

ARIANE.

Qu'entens-je! quel discours!

On reconnoît ainsi les bontés d'Ariane !
Fui, ce n'est plus le soin de conserver tes jours,
C'est ma gloire qui t'y condamne.

THESE'E.

Il n'est plus tems de fuir. D'un amour malheureux,
Vous avez percé le mystere.
Vous m'avez fait parler quand j'ai voulu me taire;
Ma mort doit prévenir vos ordres rigoureux :
Mais avant ce moment on pourra me connoître ;
Et mes derniers soupirs justifiront peut-être
La temerité de mes feux.

SCENE III.

ARIANE.

SOûpirs trop retenus cessez de vous contraindre.
L'objet de tant de pleurs ne les voit pas couler.
D'un rigoureux mepris je viens de l'accabler ;
Est-ce un crime que de l'en plaindre ?
Soûpirs trop retenus cessez de vous contraindre.
L'objet de tant de pleurs ne les voit pas couler.

Quoi, plaindre un inconnu dont l'audace m'offense !
Mais peut-être qu'en lui le Ciel cache un Heros.
Un Mortel qui pourroit rougir de sa naissance,

Oseroit-il brûler pour le sang de Minos ?

Venus, dont la haine implacable
Précipita ma Mere en des malheurs affreux,
Tu menaças mes jours d'un sort plus déplorable.
Mais puisque je bannis ce Mortel trop aimable,
Venus ; je ne crains plus le pouvoir de tes feux.

SCENE IV.

ARIANE, *Chœur de peuples de la Crete.*

LE CHOEUR *derriere le Théatre.*

Dans ce beau jour
Minos va paroître.
De notre Maître
Chantons le retour.

ARIANE.

Le peuple vient ici recevoir le Vainqueur,
Cachons les troubles de mon cœur.

CHOEUR.

Il revient triomphant de la rage inhumaine
D'Eôle & de Mars en couroux ;
La Gloire l'éloigna de nous,
La Victoire nous le ramene.

ARIANE.

Chantez, unissez vos Voix;
Que ses Loix
Par tout s'étendent,
Que ses Armes
Vous défendent,
Que ses Exploits
Dans tous les climats se répandent;
Avec plaisir les Dieux entendent
Les vœux des peuples pour les Rois.

CHOEUR.

Venez, heureux Vaisseaux, souverains de ces Mers,
Paroissez, répondez à notre impatience.
Venez; vous apportez les tresors les plus chers;
Les objets de notre vangeance.

SCENE V.

ARIANE, MINOS, *suite de Minos, Troupe de Guerriers & de Matelots, Chœur de Peuples de la Crete.*

CHOEUR.

Nous triomphons de l'orage
Comme de nos ennemis;

Les vents, les flots nous ſont ſoumis;
Qu'il eſt doux aux Vainqueurs de revoir le rivage:
Nous triomphons de l'orage,
Comme de nos ennemis.

MINOS.

A m'obéïr encor j'ai ſçu réduire Athenes.
J'amene les Captifs que le ſort m'a remis;
Sçavez-vous les ſecours qui leur étoient promis?
Theſée avec vingt Rois venoit briſer leurs chaînes.

ARIANE.

Les Dieux veillent toujours ſur vous,
Et ce Heros ſans doute eſt tombé ſous vos coups.

MINOS.

Ma fille, j'ai ſçu qu'un orage
Avoit long-temps agité ſes Vaiſſeaux:
A peine en ce moment touche-t'il au rivage,
S'il n'a pas peri ſous les eaux.

CHOEUR.

Periſſent, periſſent
Ceux qui s'arment contre nous.
Que la Foudre prévienne ou ſeconde nos coups.
Que les Vents, que les Flots s'uniſſent,
Que les Mers les enſeveliſſent.
Periſſent, periſſent
Ceux qui s'arment contre nous.

MINOS.

MINOS.

Au nombre des Captifs j'amene une Princesse.
Qui ne plaindroit son sort, sa beauté, sa jeunesse.
Des Rois Atheniens elle a reçu le jour.
Elle alloit épouser Thesée à son retour.

CHOEUR.

Que c'est pour votre fils une digne victime !

MINOS.

Contre nos ennemis la haine est legitime ;
Cependant la pitié s'empare de mon cœur.
Viens, ma fille, allons voir si nous pourrons sans crime
La derober à son malheur.

Fin du premier Acte.

ACTE SECOND.

Le Theatre represente le Tombeau d'Androgée entouré de Colomnes de marbre où les Captifs d'Athenes sont attachés. On voit d'un côté le Temple de Jupiter protecteur de la Crete, & la Ville de Gnosse dans l'éloignement.

SCENE PREMIERE.

PERIBE'E, LES CAPTIFS.

CHOEUR.

O sort affreux ! ô destins ennemis !
O trop déplorables victimes !
Helas ! nous mourons pour des crimes
Que nous n'avons pas commis.

PERIBE'E.

Lieux qui de notre honte éternisez l'histoire,
Et vous, Manes cruels, Ombre avide de sang,

Il ne manquoit, à votre gloire,
Qu'une victime de mon rang.

Malheureux Citoyens d'une triste Patrie,
De la mort qui m'attend je crains peu les horreurs.
Par vos maux seulement mon ame est attendrie,
Et ce n'est que pour vous que je répands des pleurs.
Lieux qui de notre honte éternisez l'histoire,
Et vous Manes cruels, Ombre avide de sang,
Il ne manquoit à votre gloire,
Qu'une victime de mon rang.

UNE CAPTIVE.

Si le Ciel n'est injuste, il vous doit un miracle.

UNE AUTRE CAPTIVE.

Minos a de vos yeux ressenti le pouvoir,
Et son amour pour vous forceroit tout obstacle,
Si vous lui donniez quelque espoir.

PERIBE'E.

A flater le tiran, je pourrois me contraindre,
Si je pouvois changer votre sort rigoureux;
Mais le seul interêt de mes jours malheureux,
Ne sçauroit m'abaisser à la honte de feindre;
Et pour moi son amour est cent fois plus à craindre,
Que le trepas le plus affreux.

CHOEUR.

Dieux! ô Dieux! épargnez l'Amante de Thesée.

PERIBÉE.

Helas! s'il respiroit, il vous eût sauvez tous:
Notre esperance est abusée.

CHOEUR.

Nous ne plaignons que Thesée & que vous.

SCENE II.

ARIANE, PERIBÉE, LES CAPTIFS.

ARIANE.

PAr l'ordre de Minos, dont je tiens la naissance,
De ces funestes lieux, je viens vous arracher.
Vos malheurs ont sçû le toucher;
Et vos vertus desarment sa vangeance.
Malgré l'arrêt du sort qui condamne vos jours,
Si le peuple assemblé répond à son envie,
Il connoît trop le prix d'une si belle vie,
Pour en laisser finir le cours.

PERIBÉE.

Le Roi, par cet espoir croit en vain me surprendre:
Je sçai trop de quel soin son cœur est combattu:
Il tend un piege à ma vertu,
Mais je sçaurai bien m'en défendre.

ARIANE.

Qui vous fait rejetter les soins qu'il prend pour vous?

Le printems de vos jours commence.
L'éclat de la beauté, celui de la naiſſance
Mettent des Rois à vos genoux.
Ah ! peut-on voir la vie avec indifference,
Quand on y tient par des liens ſi doux ?

PERIBÉE.

Que les Dieux à mes jours avoient promis de charmes !
Le plus grand des Mortels m'avoit rendu les armes.
Theſée à nos Autels m'alloit donner ſa foi,
Athenes rentroit ſous ma loi.
Que les Dieux à mes jours avoient promis de charmes !

Vain eſpoir ! honneurs ſuperflus !
Nos peuples expirans par une loi cruelle,
Tant de meres en pleurs, de peres éperdus,
L'eſpoir de nous vanger, la gloire, tout l'appelle,
Il part, & ſans doute il n'eſt plus.

ARIANE.

Hé, de ſa mort quel témoin vous aſſûre ?

PERIBÉE.

Le ſilence de l'univers.
Theſée avoit juré qu'il briſeroit nos fers,
Il eſt mort, il n'eſt point parjure.

ARIANE.

Que ne puis-je calmer un ſi cruel tourment ?
Peut-être un étranger prêt à quitter ces rives

Pourroit vous informer du sort de votre Amant;
Et rendre vos frayeurs moins vives
Si vous lui parliez un moment.

PERIBÉE.

Quel est cet Etranger?

ARIANE.

Un Guerrier que l'orage
A jetté sur sur ces bords où j'ai sauvé ses jours.

PERIBÉE.

Thesée! helas dans un pareil naufrage
Tu n'aurois pas trouvé ce genereux secours.

ARIANE.

On prépare à mon frere un triste sacrifice.
Fuyez: & profitez de la pitié du Roi.

PERIBÉE.

Je vai l'attendre ici. De la commune loi
Je ne veux point qu'il m'affranchisse.
Je verrai la Mort sans effroi
S'il veut m'épargner le supplice
De voir ces malheureux expirer avant moi.

SCENE III.

ARIANE, PERIBÉE, LES CAPTIFS,
Troupe de Guerriers & de Cretois.

ARIANE.

Unissez vos voix & vos cœurs.
Chantez Guerriers, chantez les Exploits de mon Frere.
Peuples, comblez de ses faveurs,
Venez à cette Ombre si chere
Rendre de justes honneurs,
Couvrez son Tombeau de fleurs
N'y versez point de pleurs :
Ils offensent sa memoire,
Oubliez ses malheurs.
Ne songez qu'à sa gloire,
Ne formez en ces lieux
Que des chants de Victoire,
Que son Nom vole jusqu'aux Cieux.

CHOEUR.

Chantons, celebrons sa Memoire,
Ne formons en ces lieux
Que des chants de Victoire;

Que son Nom vole jusqu'aux Cieux.

Un CHEF *des Cretois.*

Heros qui des Royaumes sombres
Par l'éclat qui te suit,
Dissipe l'horreur & la nuit.
Ombre digne en effet de commander aux Ombres,
L'Olympe n'a point d'Immortels
Qui merite mieux nos Autels.

Un autre CHEF *des Cretois.*

Que le son des Trompettes,
Que ce bruit si cher aux Heros
Frappe les Echos:
Que le son des Trompettes
Penetre les Retraites,
Où tu joüis d'un éternel repos.

Ton bras fit trembler la terre,
Triomphe, que ton nom répande dans les cœurs
Les nobles fureurs
De la guerre.
Et de tous les climats t'appelle des vangeurs.

Que le son des Trompettes, &c.

ARIANE, *& les deux Chefs des Cretois.*

De ton couroux vangeur nous remplissons la Loi ;
Reçois tes ennemis sur le sombre Rivage,
Ils y seront auprés de toi
Dans un éternel esclavage.

Un des Chefs des Cretois.

Il est tems de mener les Captifs à la mort.

SCENE IV.

THESE'E, ARIANE, PERIBE'E, LES CAPTIFS, *Troupe de Cretois.*

THESE'E.

CRuels, n'esperez pas achever ce carnage.

LES CRETOIS.

Temeraire, où vas-tu ?

THESE'E.

Fuyez, craignez le sort
De ceux qui m'ont osé disputer le passage.

LES CAPTIFS.

Thesée ! ô Ciel ! quel Dieu rend Thesée à nos pleurs!

PERIBE'E.

Cher Prince, en quel peril votre amour vous engage!

ARIANE.

Je frisonne! quelles horreurs!
Vous! Thesée! ah, grands Dieux!

THESE'E.

Mon nom me justifie.

ARIANE.

Ingrat, t'ai-je sauvé la vie
Pour armer contre nous tes barbares fureurs.

THESE'E.

Vous sçavez mes devoirs, mes sermens, mes malheurs.

Amis, suivez-moi tous, venez prendre les armes
Des Guerriers tombez sous mes coups;
Vendons cher à Minos votre sang & vos larmes;
Et cherchons un trepas qui soit digne de nous.

ARIANE.

O douleurs! ô craintes mortelles!

PERIBE'E.

Grands Dieux! prenez soin de ses jours.
Et vous mes compagnes fidelles
Tâchons par nos efforts d'attirer leurs secours.

Fin du second Acte.

ACTE TROISIÉME.

Le Théatre represente le Temple de Jupiter.

SCENE PREMIERE.

ARIANE.

O Toi ! qu'en ce temple on adore,
Jupiter, prens pitié de ton ſang malheureux.
Inſpire-moi, Dieu que j'implore,
Pour qui je dois t'offrir des vœux.

Quel trouble cruel me devore !
Le ſort m'offre dans un Amant
L'ennemi qu'il faut que j'abhorre :
Une Rivale augmente mon tourment.
L'Ingrat fuit avec elle, ou meurt en ce moment.

Malheureuse! & pour lui mon cœur soupire encore.

O toi, qu'en ce Temple on adore,
Jupiter, prens pitié de ton sang malheureux :
Inspire-moi, Dieu que j'implore,
Pour qui je dois t'offrir des vœux.

Triomphons de l'Amour, n'écoutons que la rage,
Que le sang de l'Ingrat coule sur ce rivage :
Vous qui le poursuivez secondez mes transports;
Et pour me l'immoler redoublez vos efforts.

Pour me l'immoler ! Dieux ! quelle fureur me guide?
Barbares, arrêtez, n'allez pas m'obéïr.
Ah! ce n'est pas assez pour haïr un perfide
Qu'on ait sujet de le haïr.
Le Roi vient. Ah cruels ! vous m'avez trop servie.

SCENE II.

MINOS, ARIANE.

ARIANE.

NOtre ennemi, Seigneur, a-t'il perdu la vie ?

MINOS.

Non, ma fille, il respire, & je sens que les Dieux
Veulent mettre en ce jour un terme à ma vangeance.
Le sang Athenien leur est trop précieux ;
Par un nouveau prodige ils prennent sa défense.

ARIANE.

Quel prodige, Seigneur. .....

MINOS.

Dois-je en croire mes yeux ?
Peribée....

ARIANE

Achevez.

MINOS.

Cette Amante intrepide
Armant ses foibles mains pour combattre avec lui,
Vient de s'élever aujourd'hui
Au-dessus d'un sexe timide.
Ses Compagnes comme elle affrontant les hazards,
Les armes à la main ont volé sur ses traces.

ARIANE,

J'ai vû la furçur dans les Graces.
J'ai vû la Beauté même effrayer mes regards.
J'ai vû cette Princesse & terrible & charmante,
A côté de Thesée imiter ses Exploits;
Elle se montroit à la fois
Et sa Rivale & son Amante.

ARIANE.

Juste ciel!

MINOS.

Nos Soldats ont suspendu leurs coups,
Et j'ai senti moi-même expirer mon couroux.

ARIANE.

Où sont vos ennemis?

MINOS.

Ils sont sur le Rivage
Où j'ai fait cesser le carnage.
Pour regler leur destin, pour leur jurer la paix,
Mes ordres dans ce Temple appellent leur Princesse,
Elle vient. Vous sçavez ma flâme & mes projets,
Faites tout preparer, ma fille: & qu'on me laisse.

SCENE III.

MINOS, PERIBE'E.

MINOS.

GEnereuſe ennemie,
J'ai voulu vous parler aux pieds de ces Autels.
Entre Athenes & moi par des nœuds immortels,
Si vous y conſentez la Paix eſt affermie.

PERIBE'E.

Ne faut-il que mon ſang pour vanger votre fils?

MINOS.

Ne parlons plus ici de ſang ni de vangeance;
Dût l'Ombre de mon fils condamner ma clemence,
L'amour que j'ai pour vous me rend ſourd à ſes cris.

PERIBE'E.

Ah, Seigneur! à l'amour eſt-ce à vous de vous rendre?

MINOS.

De ſi rares vertus, des attraits ſi charmans
Ont enflamé Minos de l'amour le plus tendre;
Mais ce n'eſt pas de lui que vous devez attendre

Les ſoins des plus vulgaires Amans.

Mon peuple vainement vous attend pour Victime,
Recevez le ſecours que je viens vous offrir ;
Mon amour du deſtin veut réparer le crime,
Et vous allez regner où vous alliez perir.

PERIBE'E.

Qu'entens-je, ô Ciel!

MINOS.

Songez que le peril extrême
Ne veut point de retardement,
Et ſi vous perdez un moment
Vous perdez vos Sujets & votre Amant lui-même.

PERIBE'E.

O Theſée! ô Patrie! où me reduiſez-vous ?

MINOS.

Entre Athenes & nous
Il regne trop de haine.
Elle ne peut ceder qu'à des liens ſi doux,
Et ſi mon Peuple en vous ne reſpecte ſa Reine,
Je ne vous répons plus de retenir ſes coups.

PERIBE'E.

Quoi, je puis d'un ſeul mot diſſiper cet orage ?
Et je verrois couler un ſang ſi précieux!
M'en preſervent les juſtes Dieux!
Leur voix ranime mon courage.

Vous ſerez obéis, grands Dieux! je vous entends,

MINOS.

MINOS.

Puis-je enfin eſperer un deſtin plus propice?

PERIBE'E.

Theſée, à ton Rival ſouffre que je m'uniſſe,
Il n'en joüira pas long-tems.

De Theſée & des ſiens qu'on épargne la vie.
D'un barbare tribut delivrez ma Patrie.
Je donne ma main à ce prix.

MINOS.

Je vais raſſurer vos eſprits
Par des ſermens inviolables.

PERIBE'E.

Nous m'avez inſpiré le parti que j'aï pris,
Dieux! à mes derniers vœux montrez-vous favorables.

MINOS.

Prêtres de Jupiter par les nœuds les plus doux,
Venez couronner ma tendreſſe.
Une ſi charmante Princeſſe
Eſt digne de regner ſur Minos & ſur vous.

SCENE IV.

MINOS, PERIBE'E, CHOEUR *de Coribantes*, CHOEUR *de Peuples de la Crete.*

CHOEUR.

Triomphez charmante Princesse,
Regnez sur Minos & sur nous.
Notre zele pour vous,
Egale sa tendresse.
Triomphez, charmante Princesse,
Regnez sur Minos & sur nous.

Le petit CHOEUR.

Vous ramenez la paix profonde
Dont joüissoient ces lieux charmans,
Quand le Maître du monde
Nous donnoit ses premiers momens.

Le grand CHOEUR.

Vous allez commander aux Peuples de la Terre
Les plus chers au Maître des Dieux.

Le petit CHOEUR.

Les feux qui brillent dans vos yeux
Ont éteint les feux de la Guerre.
Des attraits moins victorieux

Ont soûmis le Dieu du Tonnerre.

Le grand CHOEUR.

Joüissez d'un sort glorieux.

Le petit CHOEUR.

Ramenez la paix en ces lieux.

CHOEUR.

Triomphez charmante Princesse,
Regnez sur Minos & sur nous.
Notre zele pour vous
Egale sa tendresse.
Triomphez, charmante Princesse,
Regnez sur Minos & sur nous.

UNE CRETOISE.

Jeunes Cœurs
Que l'Amour enchaîne
Vous devez sans peine
Sentir ses ardeurs.
Les plus grands Dieux
Suivent ses Loix suprêmes,
Et dans ces lieux
Ses traits sont les mêmes
Que ceux qu'il lance dans les Cieux.
Jupiter plus tendre
Plus foible que nous
Sçait moins se défendre
D'un penchant si doux.
Dans ce beau séjour

Sous ces frais ombrages
Il reçut nos premiers hommages,
Et rendit les ſiens à l'amour.
Jeunes Cœurs,
Que l'Amour enchaîne
Vous devez ſans peine
Sentir ſes ardeurs.
Les plus grands Dieux
Suivent ſes Loix ſuprêmes,
Et dans ces lieux
Ses traits ſont les mêmes
Que ceux qu'il lance dans les Cieux.

Un CORIBANTE.

Fuis, Guerre inhumaine,
Fuis loin de ce beau ſejour,
Que la paix dans ce jour
Amene
Le tendre Amour.

Que d'ardeurs nouvelles
Se vont allumer?
Les cœurs les plus rebelles
Se vont enflâmer:
Content de la gloire
De nous deſarmer,
Le prix de ſa victoire
Eſt de nous charmer.

MINOS.

Dieu que jamais en vain n'attestent les Mortels:
Sois garant des sermens qui vont serrer nos chaînes.
Aux pieds de tes sacrés Autels
Je jure que Thesée & le Peuple d'Athenes....
Mais de quel bruit soudain retentissent les airs?
Quels sifflemens effroyables!
Quels tremblemens! quels éclairs!
Je reconnois Venus. Ses fureurs implacables
Soulevent contre moi le Ciel & les Enfers.
La Discorde a brisé ses fers,
Ll'Hymen s'enfuit: la Terre s'ouvre:
Le Temple tombe: je fremis.
A mes yeux l'Enfer se découvre.
Quel Spectre menaçant! c'est l'Ombre de mon fils.

L'Hymen s'envole, la Discorde sort des Enfers qui brise une partie du Temple, & laisse voir le Tombeau d'Androgée, comme dans l'Acte précedent.

SCENE VI.

L'OMBRE D'ANDROGE'E, *& les mêmes Acteurs de la Scene précedente.*

L'OMBRE.

UNe Victime encor est dûë à mon couroux.
C'est au sort à nommer celle que je demande.
Si mon sang me trahit, s'il m'en ravit l'offrande,
Du sort le plus affreux tu sentiras les coups.

MINOS.

Ombre barbare, Ombre inhumaine,
Quel sang demandes-tu pour assouvir ta haine?

Fin du troisiéme Acte.

ACTE QUATRIEME.

Le Theatre represente un lieu destiné pour le sort. L'Urne est élevée sur un Autel.

SCENE PREMIERE.

THESE'E, PERIBE'E.

THESE'E.

Uoi! votre Hymen n'étoit qu'un artifice
Que vous inspiroit votre amour?
Vous alliez à l'Autel pour vous priver du jour.
Le Ciel s'est declaré contre votre injustice,
Nous allons voir couler un sang moins précieux,
Cette Urne dont les Dieux
Ont fait Minos dépositaire,

Va bientôt montrer à nos yeux
Un autre objet de leur colere.

PERIBE'E.

Prince, qu'avez-vous fait? Quel injuste transport,
Vous fait tenter pour moi la cruauté du sort.

THESE'E.

Ses fureurs contre vous n'étoient pas legitimes,
Au sort des autres noms j'ai dû vous dérober.
Et mon nom a rempli le nombre des Victimes,
Sur qui ses traits doivent tomber.

PERIBE'E.

Ah! ne présumez pas que mon amour extrême
Vous en laisse essuyer les coups.
J'attens ici Minos.....

THESE'E.

Je sauve ce qu'il aime.
Il m'écoutera mieux que vous.

Si j'éprouve du sort la menace fatale
Achevez votre Hymen; & vivez pour le Roi.

PERIBE'E.

Je vivrois pour un autre & vous mourriez pour moi.
Ah! notre ardeur n'est pas égale,
Et si j'avois une Rivale,
Je ne vous ferois pas une semblable loi.

THESE'E.

Dieux! un si tendre amour, un cœur si magnanime,

Ah,

Ah! si le mien pouvoit se montrer à vos yeux....
Si vous sçaviez ce qui l'anime....
Mais pour le choix de la Victime,
Ariane & Minos arrivent dans ces lieux.

SCENE II.

MINOS, THESE'E, ARIANE, PERIBE'E. Suite de ...

PERIBE'E.

Lorsqu'entre les Captifs il faut que l'on choisisse,
Laisserez-vous ce Prince en danger de périr?
Rendez-moi le péril que je devois courir:
Ou des Dieux contre vous j'implore la Justice.

MINOS.

Je vous plains. Je le plains. Les Dieux m'en sont témoins.
Mais il s'agit de votre vie.
Je ne puis condamner sa genereuse envie.
Et quand il vous doit tant il ne peut faire moins.

PERIBE'E.

Ah, Seigneur!

MINOS.

C'est aux Ciel à prendre sa défense.
Chacun s'avance dans ces lieux,
De ce dépot sacré respectez la presence,
Ou craignez le couroux des Dieux.

SCENE III.

MINOS, THESE'E, ARIANE, PERIBE'E.

Les Ministres du sort, les Atheniens, Suite de Minos.

MINOS.

Vous, Peuples Atheniens, & vous, Fils de leur Roi,
Faites silence, Ecoutez-moi.
Je celebre à regret ce mystere funeste,
Dont les Aprêts vous font trembler.
Mais le sang exigé par le couroux celeste
Est le dernier qui va couler.

Sort fatal ! sort irrevocable !
Lancez vos plus funestes traits,
Sur qui seroit assez coupable
Pour s'opposer à vos decrets.

Un MINISTRE *du sort.*

Urne terrible,
Oracle infaillible

Organe certain
Des loix du destin,
Partage, partage
Les droits des Autels;
Reçois pour hommage,
L'effroi des Mortels.

Le Ministre du Sort

Urne terrible, Urne équitable,
Que Minos doit un jour emporter aux Enfers;
Tu seras dans ses mains l'Arbitre redoutable,
De tous les Habitans de ce vaste univers.

Partage, partage
Les droits des Autels;
Reçois pour hommage
L'effroi des Mortels.

CHOEUR.

Partage, partage
Les droits des Autels;
Reçois pour hommage
L'effroi des Mortels.

Le MINISTRE.

C'est à toi de nous apprendre
Quel Mortel doit subir une severe Loi:
Un seul se plaindra de toi,
Tous les auttes auront des graces à te rendre.

Partage, partage
Les droits des Autels;
Reçois pour hommage
L'effroi des Mortels.

CHOEUR.

Partage, partage, &c.

Le MINISTRE.

Approchons, il est tems. Quelle secrette horreur
Fait trembler ma main & mon cœur?
Quel pouvoir invisible ouvre l'Urne funeste!
Que deviennent les noms échapez à la mort!
Ils sont disparus. Un seul reste.
Thesée est nommé par le sort.

CHOEUR.

Sort fatal! sort irrevocable!
Lancez vos plus funestes traits,
Sur qui seroit assez coupable
Pour s'opposer à vos decrets.

MINOS *en sortant.*

Sort fatal! sort irrevocable!

THESE'E.

Je sauve mes Sujets: Le sort m'est favorable.

PERIBE'E *à Ariane.*

Princesse, à son malheur ne l'abandonnez pas.

Je vais rejoindre votre Pere;
Faire un dernier effort pour fléchir sa colere;
Ou suivre Thesée au trépas.

SCENE IV.

THESE'E, ARIANE.

THESE'E.

ARrêtez, charmante Princesse,
Un seul moment sur moi, daignez tourner les yeux.
Pour prix de toute ma tendresse,
Que je meure du moins sans vous être odieux.

ARIANE.

Quelque interêt qui nous sépare,
D'un Heros tel que vous je plains le sort barbare.

THESE'E.

Qu'une pitié si foible en redouble l'horreur!
C'est peu que du destin j'épuise la colere:
Mes plus cruels tourmens sont au fond de mon cœur,
Je meurs, Victime, helas! de la haine du frere,
Et de mon amour pour la sœur.

ARIANE.

Me parlez-vous encor d'une ardeur infidelle?
Peribée attend vos adieux.

THESE'E.

Et que lui dirai-je, grands Dieux !

ARIANE.

Tout ce que ſent un cœur qui s'immole pour elle.

Cruel, que venois-tu chercher dans ces climats ?
Pourquoi m'offrir un cœur touché d'autres appas?
Je t'avois arraché des Flots & de l'Orage,
Je démentois les Dieux qui vouloient ton trépas,
Je t'offrois un Vaiſſeau pour quitter ce rivage;
Tant de ſoins, tant de pleurs, helas!
Meritoient-ils un tel outrage !

THESE'E.

Ah ! ſi jamais mon cœur a porté d'autres fers,
J'atteſte ici Venus, Que Venus me puniſſe.
Que j'emporte avec moi votre haine aux Enfers:
Je n'y ſçaurois trouver de plus cruel ſupplice.
D'Alcide je ſuivois les pas
Quand mon pere promit ma main à la Princeſſe;
Je pouvois ſans amour acquiter ſa promeſſe.
L'amour ne reſervoit mon cœur qu'à vos appas.

ARIANE.

Quoi vous mourez pour elle, & vous ne l'aimez pas !

THESE'E.

Je meurs pour elle, & le devoir l'ordonne.
Je lui devois une couronne;

Minos va m'acquiter. Ma mort ferre leurs nœuds.
Je meurs pour mes Sujets : un serment me condamne
A les sauver ou perir avec eux.
Je meurs pour vous, belle Ariane,
Devoré d'un amour qui ne peut être heureux.

Vous repandez des pleurs.

ARIANE.

Quelle peine mortelle !
Que ne me laissez-vous
A mes soupçons jaloux ?
Ah ! j'aurois moins souffert à perdre une infidelle.

THESE'E.

Ciel ! aprés cet aveu je brave ton couroux.

THESE'E & ARIANE.

Sort injuste ! sort barbare !
Nous épuisons tes rigueurs.
Quand l'amour assemble deux cœurs
Faut-il que la mort les sépare ?

ARIANE.

Vous meritiez, Thesée, un destin plus heureux.

THESE'E.

Adieu. Minos & votre frere
Comptent le tems que je differe.

ARIANE.

Ah! ne me forcez pas à les haïr tous deux.

J'entens mugir le monstre. Ah, mortelles allarmes!
La valeur contre lui n'est qu'un foible secours.
Jamais aucun Mortel n'en a sauvé ses jours.

THESE'E.

Adieu, je ressens trop la perte de vos charmes.
Helas! j'ai souhaité de voir couler vos larmes;
Et je ne puis en soûtenir le cours.

SCENE V.

ARIANE *seule.*

IL me fuit: il m'échappe! O Ciel impitoyable!
Mon amour malgré toi lui servira d'appui.
Ne l'abandonnons pas au malheur qui l'accable,
Et courons nous jetter entre le monstre & lui.

Fin du quatriéme Acte.

ACTE CINQUIÉME.

Le Théatre repreſente l'Entrée du Labyrinthe ſur le Rivage de la Mer.

SCENE PREMIERE.

ARIANE.

En vain j'ai ſecouru le plus grand des Heros,
En vain pour l'éloigner des Etats de Minos.
Un Vaiſſeau par mes ſoins l'attend prés du Rivage.
D'un malheureux amour inutils efforts !
Theſée eſt déja chez les Morts,
En eſt-il de plus ſûr préſage
Que le ſilence affreux qui regne ſur ces Bords.
C'étoit peu de l'armer, mon amour moins timide,
Dans ces vaſtes détours devoit être ſon guide ?
Je devois de ſon ſort prévenir les horreurs.
Une premiere proye au Minotaure offerte,
Eut du moins ſuſpendu ſa perte :

Et peut-être du monſtre aſſouvi les fureurs.

Cher Prince, le trépas va remplir mon attente,
Mes jours aprés les tiens vont être terminés.
Bien-tôt la Garde vigilante
Dont ces lieux ſont environnés,
Va faire un crime à ton Amante
Des ſecours qu'elle t'a donnés.
Mais le couroux du Roi n'a rien qui m'épouvante.
Deja mon ame impatiente,
Vole au devant des coups qui me ſont deſtinés.
Cher Prince, le trepas va remplir mon attente,
Mes jours aprés les tiens vont être terminés.

Que vois-je! quel objet à mes yeux ſe preſente?

SCENE II.

THESE'E, ARIANE.

ARIANE.

Ah ! Thesée, est-ce vous ?

THESE'E.

C'est par votre secours
Que le monstre est tombé dans la nuit infernale.
Par vous de ce vaste Dédale
J'ai sçu demêler les détours.
Mais ce n'est pas assez d'avoir sauvé mes jours.
Contre un pere irrité je vous dois un azile.
Je vous dois mon sceptre & ma foi.
Venez les recevoir sous un Ciel plus tranquille,
Votre secours m'est inutile,
Si vous ne vivez pas pour moi.

ARIANE.

C'est par moi que mon frere a perdu sa victime.
J'ai trahi ma Patrie, & mon Pere, & mon Roi,
Votre péril & mon effroi
Déroboient à mes yeux l'image de mon crime ;
Et mon crime à son tour est tout ce que je voi.

Je ne puis l'expier par une mort trop prompte....

Fuyez Prince ; pour vous les chemins sont ouverts.
Etalez votre gloire aux yeux de l'univers,
Laissez-moi lui cacher ma honte.

THESE'E.

Quoi ! vous refusez de partir,
Et vous vous repentez d'avoir sauvé ma vie?

ARIANE.

Je vois toute ma perfidie,
Mais je ne puis m'en repentir.

Allez faire aux Tirans une nouvelle Guerre.
Que par d'heureux efforts le crime combattu,
Puisse exempter les Dieux de lancer le Tonnerre :
Et contraindre toute la Terre
D'excuser un forfait qui sauve la vertu.

THESE'E.

Ah ! si j'étois assez perfide
Pour vous abandonner aux horreurs du trépas,
Toutes les Victoires d'Alcide
D'un reproche éternel ne me sauveroient pas.
Puisqu'une Mort inévitable
A mon Sceptre, à ma foi vous semble preferable,
Aux fureurs de Minos je vais m'offrir pour vous.
Dans les flots de mon sang je vais laver le crime
Qui vous expose à son couroux ;
Et lui ramener la Victime
Que vous derobiez à ses coups.

ARIANE.

Ah, cruël ! Arrêtez. Que pretendez-vous faire ?
Derobez-vous à sa colere.

THESE'E.

Cessez donc de vous obstiner,
Contre un fidel Amant qui sans vous ne peut vivre.
Ma gloire me défend de vous abandonner.

ARIANE.

Et la mienne, Seigneur, me défend de vous suivre.

THESE'E.

Quoi ! mes soupirs sont vains ! mes vœux sont rejettés !

ARIANE.

Pour la derniere fois, adieu, Prince, partez :

THESE'E.

He bien ! votre rigueur extrême
Me force à demeurer dans ces funestes lieux.
Si j'y perds le bonheur d'obtenir ce que j'aime,
J'aurai du moins celui d'y mourir à vos yeux.

SCENE III.

THESE'E, ARIANE, PERIBE'E.

PERIBE'E.

AH, Prince ! de Minos évitez la vengeance;
Prêt à fondre ſur vous avec tous ſes Soldats,
Il ſçait votre Victoire, il marche ſur mes pas.
Fuyez.

ARIANE.

Il n'eſt plus tems. Je le vois qui s'avance.

SCENE IV.

THESE'E, MINOS, ARIANE, PERIBE'E.
Suite de MINOS.

MINOS *à* ARIANE.

PErfide, à mon courous ne crois pas échaper.
Vous qui m'avez appris ſes crimes,
Frapez, Gardes, verſez le ſang de mes Victimes.

PERIBE'E.

Barbares, c'eſt ici que vous devez fraper.

MINOS.

Dieux! quel nuage épais les vient enveloper?

PERIBE'E.

Le Ciel protege l'innocence.
Il ſeconde mes vœux plûtôt que ta vengeance.

MINOS.

Ils ſe cachent en vain. Vous qui ſuivez mes pas,
Qu'on les cherche partout, qu'ils ne m'échapent pas.

Theſée & Ariane ſont enveloppés d'un nuage, qui en ſe diſſipant laiſſe voir Venus appuyée ſur l'Etoile qui porte ſon nom.

SCENE V.

VENUS, MINOS, PERIBE'E.

VENUS.

REconnois de Venus la fureur vangeresse,
Qui de ces deux Amans couronne la tendresse.

MINOS & PERIBE'E.

Dieux! Qu'est-ce que j'entens?

VENUS.

Ouvre les yeux, Minos,
Sur le destin de ta famille.
Vois ce Vaisseau qui fend les flots.
Il derobe à tes coups & Thesée & ta fille.

MINOS.

Ciel!

VENUS.

Je t'ai delivré d'un Rival dangereux.
Vois si malgré Venus tu pourras être heureux.

SCENE DERNIERE.

MINOS, PERIBE'E.

PERIBE'E.

AI-je bien entendu ? Theſée eſt infidelle.
O mortelles douleurs ! ô regrets ſuperflus !
Theſée, il eſt donc vrai que tu ne m'aimes plus !
Ariane te ſuit. Tu me trahis pour elle.
O toi qui l'as forcé de me manquer de foi,
Puiſſe une flâme nouvelle
Me vanger bientôt de toi.

Que le cruël qui m'abandonne
T'abandonne à ton tour au milieu des deſerts !
Tes cris comme les miens ſe perdront dans les airs ;
Et tu ſouhaiteras la mort que je me donne.

MINOS.

Cruelle mere de l'Amour,
Ta vengeance eſt-elle aſſouvie ?
Par toi ma fille m'eſt ravie ;
Et ce que j'aime perd le jour.

O toi, Maître des Dieux, qui m'as donné la vie,
Epargne-moi l'aspect de cet affreux séjour ;
Et pour le renverser, pour en purger la Terre,
Joins au couroux des flots les coups de ton Tonnerre.

Le Tonnerre tombe sur le Labyrinthe dont les débris sont englоutis par la Mer.

FIN.

APPROBATION.

J'Ailû par ordre de Monseigneur le Chancelier *Ariane*, Tragedie, qui doit être representée par l'Academie de Musique, & je n'y ai rien trouvé qui puisse en empêcher l'impression. Fait à Paris ce 29. Mars 1717.

DANCHET.

De l'Imprimerie de JEAN-BAPTISTE LAMESLE, ruë du Foin, à la Minerve. 1717.

CATALOGUE
DES LIVRES NOUVEAUX,
Qui se vendent à Paris chez PIERRE RIBOU, Quai des Augustins, à la descente du Pont-Neuf, à l'Image Saint Loüis.

Histoire de Bretagne, composée sur les Titres & les Auteurs originaux, *par Dom Guy Alexis Lobineau, Benedictin de la Congregation de S. Maur*, avec les Preuves; & enrichie de Portraits, de Tombeaux, de Sceaux, & autres Monumens gravez en taille-douce, *fol. 2. vol.* 1707. 60. l.

Dictionaire pratique du bon Menager de Campagne & de Ville, qui apprend generalement la maniere de nourrir, élever & gouverner, tant en santé que malades, toutes sortes de Bestiaux, Chevaux & Volailles; de sçavoir mettre à son profit tout ce qui provient de l'Agriculture; de faire valoir toutes sortes de Terres, Prez, Vignes & Bois; de cultiver les Jardins, tant Fruitiers, Potagers, que Jardins Fleuristes; de conduire les Eaux, & faire generalement tout ce qui convient aux Jardins d'Ornemens: Avec un Traité de tout ce qui concerne la Cuisine, les Confitures, la Pâtisserie, les Liqueurs de toutes sortes; les Chasses differentes, la Pêche, & autres divertissemens de la Campagne; les mots Latins de tout ce qu'on traite dans ce Livre, & quelques Remarques curieuses sur la plûpart; le tout en faveur des Etrangers, & de tous ceux qui se plaisent à ces sortes de lectures. Ouvrage tres-utile dans les Familles. Par le Sieur *Loüis Liger*, in 4. 2. *vol.* 10. l.

Abregé Chronologique de l'Histoire de France, *par le Sieur de Mezeray*, Historiographe de France. Nouvelle édition, augmentée de l'origine des François, & de leur établissement dans les Gaules; de l'état de la Religion, & de la conduite de l'Eglise dans les Gaules jusqu'au regne de Clovis, & de la Vie des Reines que l'on a tirée de sa grande Histoire imprimée en 1685. en 3. vol. in folio In quarto 3. vol. 25. l.

——— *Idem* in 12. 10. vol. 25. l.

Estius in Paulum, in fol 2. vol. 20. l.

Fromondius in sacram Scripturam, fol. 15. l.

Numismata Ærea Imperatorum, Augustarum & Cæsarum in Coloniis, municipiis, & urbibus, jure latio donatis, ex omni modulo percussa, Auctore Joanne Foy-Vaillant Bellovaco, Doctore Medico, & Serenissimi Ducis Cenomanensium Antiquario Pari excusa, in fol

Vies des Saints, *par Ribadaneira*, *fol.* 2. *vol.* 15. l.

Les Loix Civiles dans leur ordre naturel, le Droit public, & *Legum delectus*, *fol.* 2. *vol.* 20. liv.

——— Les mêmes, *in 4. 6. vol.* 36. l.

L'Art de Tourner, ou de faire en perfection toutes sortes d'Ouvrages au Tour: ouvrage tres-curieux & tres-necessaire à ceux qui s'exercent au Tour; Latin & François, *fol.* 15. l.

Œuvres diverses du Sieur D.... avec un Recuëil de Poësies choisies de M. de B.... 2. vol. in 12. 5. l.

Les Œuvres de Maître *Gui Coquille*, Sieur de Romanci, 1703. 2. *vol.* 20. l.

Traité de la Police où l'on trouvera l'histoire de son établissement, les fonctions & les prérogatives de ses Magistrats, toutes les Loix & tous les Reglemens qui la concernent. On y a joint une description Topographique de Paris & huit plans gravez qui representent son ancien état & ses divers accroissemens; avec un Recuëil de tous les Statuts & Reglemens des six Corps des Marchands & de toutes les Communautez des Arts & Métiers, *fol.* 2. *vol.* 45. l.

Les Oeuvres de M. de la Mothe le Vayer. *in* 12. 15. *vol.* 36. l.

Œuvres de M. de Varillas, contenant les Regnes des Rois, *in* 4. 15. *vol.* 100. l.

Le Diable Boiteux, *in* 12. 2. l.

Les conseils de la Sagesse, contenant les Maximes de Salomon les plus necessaires à l'homme pour se bien conduire soi-même, *in* 12. 2. *vol.* 1714. 4. l. 10. s.

Amusemens serieux & comiques, par Mr du Fresny, *in* 12. 1. l. 10. s.

Les Œuvres *de Clement Marot de Cahors, Valet de Chambre du Roi*, revûës & augmentées de nouveau, 1702. *in* 12. 2. *vol.* 6. l.

Histoire de l'admirable Dom Quichotte de la Manche, *in* 12. 6. *vol. avec figures*, nouvelle Edition, continuée jusqu'à sa mort. 15. l.

La Vie de Guzman d'Alfarache, traduite de l'Espagnol, enrichie de figures, *in* 12. 3. *vol.* 7. l. 10. s.

Œuvres mêlées *de M. de Saint Evremond*, nouvelle Edition augmentée sur celle de Londres, *in* 12. 7. *vol.* 15. l.

Lucien de la Traduction *de M. d'Ablancourt*, avec des Remarques sur la Traduction, *in 12. 3. vol.* 6. l.

Traduction des Satyres de Perse & de Juvenal, *par le R. P. Tarteron de la Compagnie de Jesus*, nouvelle Edition, corrigée & augmentée, 1714. 2. l. 10. s.

Fables choisies, mises en Vers *par M. de la Fontaine*, enrichies de figures, *in 12.* 5. vol. 10. l.

Les mêmes en un Volume, 3. l.

Histoire de la conquête du Mexique, ou de la Nouvelle Espagne, *par Fernand Cortez*, traduite de l'Espagnol, *in 12. 2. vol.* nouvelle Edition, avec figures. 5. l.

Histoire de la découverte & de la conquête du Perou, traduit de l'Espagnol, *in 12. 2. vol.* avec figures. 4. l. 10. s.

Les Delices de l'Italie, contenant une description exacte du Pays, des principales Villes, de toutes les antiquitez, & de toutes les raretez qui s'y trouvent; Ouvrage enrichi d'un tres-grand nombre de figures, *in 12. 4. vol.* 12 l.

Instructions pour les Jardins fruitiers & potagers, avec un Traité des Orangers, & des reflexions sur l'Agriculture. *Par M. de la Quintinie*, Directeur des Jardins Fruitiers & Potagers du Roi; avec une nouvelle instruction pour la culture des Fleurs. Nouvelle édition, augmentée de la culture des Melons, de la maniere de tailler les Arbres fruitiers, d'un Dictionaire des Termes dont se servent les Jardiniers en parlant des Arbres, & d'une Table des matieres, 1716. *in 4. 2. vol.* 12. l.

La Princesse de Cleves, *in 12. 2. vol.* 3. l.

Nouvelle de Miguel de Cervante, 2. liv.

Traité du Poëme Epique, *par le R. P. le Bossu, Chanoine Regulier de Sainte Genneviéve*, nouvelle Edition, revûë & corrigée, *in 12.* 2. l. 10. s.

Les Œuvres de Lucrece, Traduct. nouvelle, augmentée de nouvelles remarques *du Baron des Coûtures*, *in 12. 2. vol.* 5. l.

Traité historique des Monnoyes de France, *par M. le Blanc*, in 4. avec des figures, contenant les empreintes des differences Monnoyes, 9. l.

Traduction nouvelle de Roland l'Amoureux, *par M le Sage*, 2. vol. in 12. ornez de figures, *sous presse*. 5. l.

Les Œuvres de Virgile en Latin & en François, *par M de Martignac*, *3. vol. in 12.* nouvelle Edition, 6. l.

La Cour Sainte, *par le R P. Nicolas Caussin, de la Compagnie de Jesus*, in folio, 2. vol. 18. l.

——— La même, *in 8. 6. vol.* 18. l.

Traduction nouvelle des Odes d'Anacreon, *par M. de la Fosse*, seconde édition, augmentée de deux Odes, l'une de Pindare & l'autre d'Horace, *in 12.* 2. l. 10. s.

Nouvelle Grammaire Espagnole, *par M. Perger*, *in 12.* 2. l. 5. s.

Histoire universelle ou Traduction nouvelle *de Justin*, avec des Remarques, *in 12. 2. vol.* 5. l.

Voyage d'Alep à Jerusalem, *in 12.* 2. l.

Traité de la Noblesse, *par M. de la Roque*, *in 4.* 1710. 7. l.

Novum Testamentum Græcum, in 18. 1. l. 16. s.

L'Esprit de l'Ecriture Sainte, *in 12. 2. vol.* 3. l. 10. s.

Le Comte de Cardonne, *in 12.* 1. l. 16. s.

Les Avantures galantes du Chevalier de Thenicourt, *par Madame D... in 12.* 1. l. 16. s.

Le Jeu de l'Hombre, augmenté des Décisions nouvelles, & des Regles sur les incidens de ce Jeu, nouvelle édition. *in 12.* 1. l. 10. s.

La Vie de M. de Moliere, *in 12.* 2. l.

Histoire de la Virginie, contenant celle de son établissement & de son gouvernement jusqu'à present, les productions naturelles du Pays, la Religion, les Loix & les Coutumes des Indiens naturels, *par un Auteur natif & habitant de ce pays-là, in 12.* enrichie de figures en taille-douce, 2. l. 5. s.

Ecole parfaite des Officiers de Bouche, qui enseigne les devoirs du Maître-d'Hôtel & du Sommelier, la maniere de faire les Confitures seches & liquides, les Liqueurs, les Eaux, les Parfums, la Cuisine, à découper les Viandes, & à faire la Pâtisserie; *huitiéme Edition*, corrigée & augmentée des Pâtes nouvelles, & des nouveaux Ragoûts qu'on sert aujourd'hui: Avec des modeles pour dresser les Services de Table, *in 12.* 1715. 2. l. 5. s.

L'Arithmetique *de Legendre*, en sa perfection, mise en pratique selon l'usage des Financiers, gens de pratique, Banquiers, Marchands; un Traité de Geometrie, d'Arithmetique aux jettons, & un abregé d'Algebre, nouvelle Edition, *in 12.* 2. l. 10. s.

Toutes les Œuvres *de feu M. le Noble*, 20. *vol. in 12.* sous presse. 40. l.

Stile du Conseil, *par M. Gauret*, *in 4.* 5. liv.

Code de la Marine, *in 4.* 4. l.

Contes des Fées, ou les Chevaliers Errans, & le Genie Familier, *par M. D... in 12.* 1. l. 15. s.

Traduction en vers François des Epigrammes d'Owen, *in 12* 1. l. 10. s.

L'Ambigu d'Auteüil, ou veritez historiques, composées du Joüeur, du Nouvelliste, du Financier, du Critique, de l'Inconnu, du Sincere, du Subtil, de l'Hypocrite, & de plusieurs autres personnages de differens caracteres, *in* 12. 1. l. 5. s.

Les Avantures d'Apollonius de Tyr, livre rempli d'évenemens, & écrit dans le même stile que Telemaque, *par M. le B....* *in* 12. 2. l.

Le Voyageur Fidele, ou le Guide des Etrangers dans la Ville de Paris; qui enseigne tout ce qu'il y a de plus curieux à voir: les noms des Ruës, des Fauxbourgs, Eglises, Monasteres, Chapelles, Places, Colleges, & autres particularitez que cette Ville renferme; les Adresses pour aller de quartiers en quartiers, & y trouver tout ce qu'on souhaite, tant pour les besoins de la vie, que pour autres choses: Avec une Relation en forme de Voyage, des plus belles Maisons qui sont aux environs de Paris: le tout pour l'usage & l'utilité des Etrangers, *in* 12. 2. l. 5. s.

Les Voyages *de M. Tavernier*, derniere Edition, revûë, & corrigée de quantité de fautes, & augmentée de la Vie & mort de l'Auteur, & d'un Voyage qu'il a fait en Prusse, avec plusieurs planches nouvelles qui n'ont point paru dans les précedentes éditions, le tout dirigé par un ami de l'Auteur qui a fait plusieurs Voyages avec lui, *in* 12. 6. *vol.* 18. l.

Abregé de Geographie, & de tout ce qu'il y a de plus remarquable dans chacune des quatre grandes parties de la Terre, particulierement dans l'Europe & dans le Royaume de France: le tout mis en ordre pour pouvoir être appris & retenu facilement par cœur, avec les routes des postes de France & d'Espagne, dedié à S. A. S. Monseigneur le Prince de Dombes, *par M. Ponceln*, *in* 12. 1. l. 5. s.

L'Eloge de la Folie, composée en forme de Déclamation *par Erasme de Roterdam*, avec quelques Notes de l'histoire & les belles figures de Holbenius: le tout sur l'original de l'Académie de Bâle; piece qui representant au naturel l'homme tout défiguré par la sotise, lui apprend agreablement à rentrer dans le bon sens, Traduction nouvelle; *par M. Guedeville*, *in* 12. 5. l.

Histoire des sept Sages, *par M. de Larrey*, *in* 12 3. l.

Lexicon Buxtorfi, in 8. 4. l. 10. s.

Recuëil de bons mots des anciens & des modernes, nouvelle Edition augmentée, 2. l.

THEATRE DE MESSIEURS

Corneille, nouvelle Edition, augmentée & enrichie de figures en taille douce, 10. *vol. in* 12. 25. l.

Racine, 2. *vol.* nouvelle Edition, 6. l.

Campistron, nouvelle Edition, augmentée d'une Tragedie & d'une Comedie, & ornée de figures, 4. l.

De la Fosse, avec ses Poësies, 2. *vol.* 5. l.

Crébillon, 3. l.

Pradon, 3. l.

De la Grange, augmenté d'Ino & Melicerte, Tragedie, 2. l. 10. s.

Moliere, 8. *vol.* nouvelle Edition, augmentée de sa Vie, avec de nouvelles Remarques, 15. l.

Dancourt, 8. *vol.* nouvelle Edition, augmentée de plusieurs Pieces qui n'avoient point été imprimées dans les Editions précedentes, avec figures & musique, 15. l.

Regnard, 2. *vol.* 5. l.

De la Font, 2. l.

De Hauteroche, 2. l. 10. s.

De Legrand, 2. l. 10. s.

Palaprat, seconde Edition, augmentée de plusieurs Comedies qui n'ont pas encore été imprimées, & d'un Recuëil de Pieces en Vers, 2. *vol.* 5. l.

De Riviere, 2. l. 10. s.

Boindin, 2. l.

De Champ-Mêlé, 2. l.

De Montfleury, 2. *vol.* 5. l.

Boursault, 2. *vol.* 5. l.

De Mademoiselle Barbier, 2. l. 10. s.

Quinault, nouvelle Edition, augmentée d'un abregé de sa Vie, d'une Dissertation sur ses Ouvrages, & de l'origine de l'Opera, & de ses Opera, *in* 12. 5. *vol.* ornez de figures, 12. l. 10. s.

Theatre François, ou Recuëil des meilleures pieces de Theatre des anciens Auteurs, *in* 12. 3. *vol.* 7. l. 10. s.

Theatre Lyrique avec une Préface où l'on traite du Poëme de l'Opera, & la Réponse à une Epître Satyrique contre ce spectacle, *par M. le Br. in* 12. 2. l.

Pieces nouvelles & separées.

Mahomet II.
Idomenée.
Atrée.
Electre.
Caton d'Utique.
Absalon.
Cyrus.
Geta.
Les Tyndarydes.
Saül.
Médée.
Herode.

} *Tragedies.*

Ino & Melicerte.
Polydore.
La mort d'Ulysse.
Mustapha.
Jonathas.
Habis.
Agrippa, ou le faux Tiberinus.
Marius.
} *Tragedies.*

Le Curieux Impertinent.
Les Agioteurs.
L'Amour Charlatan.
Le Naufrage.
Danaé.
Turcaret.
Crispin Rival.
Le Jaloux desabusé.
Les Métamorphoses.
L'Amour vangé.
Esope à la Ville.
L'Usurier Gentilhomme
Esope à la Cour.
Les Fêtes du Cours.
Le Verd Galant.
Sancho Pansa Gouverneur.
La Devineresse.
L'Impromptu de Suresne.
Les trois Freres Rivaux.
La Coquette de Village, ou le Lot suposé.
La Coupe enchantée.
L'Aveugle clairvoyant.
} *Comedies.*

Les Airs notez des Comedies Françoises, *par M. Gilliers, in 4.* 9. l.
Telephe, Opera, noté, 7. l. 10. s.
Medée, noté, 8. liv.
Les Plaisirs de la Paix, noté, 8. l.

Medée.
Les Amours déguisez.
Arion.
Telephe.
Armide.
Les Fêtes de Thalie.
Telemaque.
Proserpine.
Les Plaisirs de la Paix.
Zephire & Flore.
Theonoé.
L'Europe galante.
Alceste.
Ajax.
Les Plaisirs de l'Eté.
La mort d'Alcide.
Hypermnestre.
Roland.
Le Divertissement du Bourgeois Gentilhomme.
} *Opera en paroles.*

Le quatriéme Livre des Motets *de M. Campra*, 5. l.

Recuëil de Pieces en Vers, adressées à S. A. S. Monseigneur le Duc de Vendôme, & plusieurs Essais de Poësies diverses, *par M. de Palaprat, in* 12. 1. l. 10. s.

Et toutes les autres Pieces de Theatre tant anciennes que nouvelles.

Tous les Opera.

Le Theatre de l'Amour & de la Fortune, par Mad. *Barbier*, in 12. 2. *vol.* 4. l.

Œuvres de M. Despreaux, avec des éclaircissemens historiques donnez par luimême, 2. vol. in 4. 15. l.

—— *Idem* Grand papier, 18. l.

—— *Idem* in 12. 2. vol. 4. l. 10. s.

La Connoissance parfaite des Chevaux, contenant la maniere de les gouverner, nourrir & entretenir en bon corps, & de les conserver en santé dans les voyages; avec un détail general de toutes leurs maladies, des signes & des causes d'où elles proviennent, des moyens de les prévenir, & de les en guerir par des remedes experimentez depuis longtems, & à la portée de tout le monde. Joint à une nouvelle instruction sur le Haras, bien plus étenduë que celles qui ont paru jusqu'à present, afin d'élever de beaux Poulains pour toutes sortes d'usages. On trouve aussi dans ce Livre l'Art de monter à Cheval, & de dresser les Chevaux de Manége, tirée des meilleurs Auteurs qui en ont écrit. Le tout enrichi de figures en taille douce, *in* 8. 3. l. 10. s.

Lettre à M. de ..... sur l'origine des anciens Rois ou Dieux d'Egypte; qui explique ce qui a donné lieu aux Fables des Dieux de l'Antiquité, brochure *in* 12. 1. l.

La Rivale travestie, *in* 12. 2. l.

Nouveau Recuëil des plus beaux Secrets de Medecine pour la guérison de toutes sortes de maladies, blessures & autres accidents qui surviennent au corps humain, & la maniere de préparer facilement dans les Familles, les remedes & les médicaments qui y sont necessaires, avec un Traité des plus excellents préservatifs, contre la peste, fiévres pestilentielles, pourpre, petites veroles, & toutes sortes de maladies contagieuses, donnez par une personne charitable, augmentez des veritables Secrets naturels de *M. Lemery*, qui regardent la nature & l'art, avec d'autres Secrets fort curieux, & tirez de ce qu'il y a de meilleurs Auteurs en ce genre. 2. *vol. in* 12. 5. l.

Histoire de Gilblas de Santillane, par *M. le Sage*, 2. édition, 2. *vol. in* 12. ornée de Figures. 5. l.

L'Imitation de Jesus-Christ en vers, *par M. Corneille*, in 12. orné de figures, 3. liv.

www.ingramcontent.com/pod-product-compliance
Ingram Content Group UK Ltd.
Pitfield, Milton Keynes, MK11 3LW, UK
UKHW022128260726
13993UKWH00003B/1296

9 782329 313313